Zora Gienger · Kleine Wohlfühlrituale

BADEWANNENMEDITATIONEN

Zora Gienger

Kleine Wohlfühlrituale

GONDROM

Zora Gienger tritt seit ihrer Ballett- und Tanzausbildung als freie Künstlerin mit eigenen Choreografien auf und gestaltet meditative Kunstprojekte. Außerdem unterrichtet die Bewegungspädagogin unter anderem Yoga und ist Dozentin für Wellness und Gesundheit.

Produktion: Medienprojekte München
Covergestaltung: Katharina Schweissguth, München
Coverfoto: Corbis/RF, Düsseldorf

023

ISBN-10: 3-8112-2839-0
ISBN-13: 978-3-8112-2839-9

5 4 3 2 1

www.gondrom-verlag.de

Inhalt

Wohlfühlen mit Leib und Seele

Genieße jeden Tag deines Lebens,
Lasse dich führen von der Liebe deines Herzens,
Um ganz im Gleichgewicht zu sein
Und mit Gelassenheit
Die Einheit von Körper, Geist und Seele
Zu erleben.
In dir selbst liegt die Kraft
Des Wohlgefühls,
Das alle Bereiche deines Lebens umfasst
Und dich auf den Schwingen der Leichtigkeit
Durch Zeit und Raum trägt.

Wohlgefühl ist wie ein Lichtstrahl,
Der all deine Zellen durchdringt,
Dir Energie schenkt und
In dir deine eigene heilende Kraft
Zur Entfaltung bringt.
Darum gebe dich dem Wohlgefühl des Augenblicks
Voll und ganz hin.

Körper und Geist im Einklang

Wohlgefühl entsteht im Inneren der Seele und drängt über Gedanken und Gefühle an die Oberfläche, um Körper, Geist und Seele ins Gleichgewicht zu bringen. Sich körperlich, geistig und seelisch wohl zu fühlen bedeutet, ganz und gar dem Herzen zu folgen, Lebensfreude zu empfinden und dankbar für all die Wunder des Lebens zu sein. Dann erst kann sich der Körper entspannen, können Ängste, Sorgen, Verkrampfungen und Belastungen losgelassen werden, um einer heiteren Sorglosigkeit und Leichtigkeit zu weichen.

Wohlgefühl heißt, sich dem Wunder des Augenblicks voll und ganz hinzugeben. Es heißt aber auch, sich ein Herz zu fassen, um Veränderungen im Leben willkommen zu heißen, damit Wohlgefühl erst wachsen und sich entfalten kann. Wer sich unwohl fühlt, muss tief in sich hineinhorchen, um auf die Stimme der Seele zu hören, die den Weg ins Wohlgefühl und damit hin zu Licht, Liebe, Wachstum und Reife kennt. So bedeutet Wohlgefühl für Leib und Seele, ganz aus der Einheit und Ganzheitlichkeit zu leben, zu denken, zu fühlen und zu handeln.

Mein Wohlfühltipp

Nimm dir Zeit für dich, um dir klar zu werden, was dir im Alltag gut tut und dir Wohlbefinden schenkt.

Wohlfühlrituale

Schenke dir segensreiche Wohlfühlrituale,
Die deinen Alltag verzaubern
Und in dir Lebensfreude entstehen lassen.
Jedes Ritual stärkt dein Selbst
Und verbindet dich mit deiner göttlichen Essenz,
Um dir Heilung, Gesundheit, Achtsamkeit und Gelassenheit
Zu schenken
Und in dir die Selbstliebe erblühen zu lassen,
Mit der Liebe, die dein ganzes Sein erfüllt.
Gehe hinaus und verschenke das empfundene Wohlgefühl an andere,
Verschenke dich selbst aus dem Gefühl der tiefen Liebe heraus,
Das aus jedem Ritual erwachsen kann,
Auf dass dein Wohlgefühl Wurzeln schlägt

Und die Herzen aller erfasst.
Mit einem Lächeln auf den Lippen
Strahle dein Wohlgefühl in die ganze Welt hinaus
Und zeige allen, wie sie sich selbst mit Wohlfühlritualen
Verwöhnen können.

Harmonie durch Rituale

Jedes Ritual, das dem Wohlgefühl dient, ist ein Schritt zum eigenen Selbst und zur Erkenntnis, Licht und Liebe in sich zu tragen und zur Entfaltung zu bringen. Dadurch fühlt sich der Mensch mit sich selbst im Einklang und in Verbundenheit mit allen Geschöpfen und Wundern der Welt. Je regelmäßiger das Ritual angewandt und vom Inneren nach außen gebracht wird, desto einprägsamer und harmonischer ist seine Wirkung. Es kann Entspannung, Lösung, Auflösung und Erlösung stattfinden, sodass der Mensch wieder zu sich findet und schließlich auch weiß, warum er lebt und wie er seinem Leben Gestalt geben kann. Mentale Blockaden, geistige Unflexibilität, verworrene Gefühlszustände, Erstarrungen und körperliche Beeinträchtigungen rücken durch das Ritual ins Bewusstsein und können aufgelöst und verwandelt werden. Deshalb liegt in jedem Wohlfühlritual auch eine Menge Heilkraft.

Mein Wohlfühltipp

Versuche, jeden Tag mit einem Wohlfühlritual zu beginnen und zu beenden.
Suche dir Rituale, die dir mit Leib und Seele gefallen und die dich nicht nur entspannen, sondern auch anregen und harmonisieren.

Den Körper verwöhnen

Dein Körper ist das Zuhause deiner Seele
Und sehnt sich nach Wohlbefinden und Streicheleinheiten.
Schenke ihm deine volle Aufmerksamkeit,
Liebe und achte ihn,
Ohne zwanghaft einem Ideal hinterherzueilen.
So wie du bist,
Bist du in Ordnung.
Du bist ein göttlicher Ausdruck der Schöpfung:
Einzigartig
Und wunderbar.
So kostbar und zerbrechlich ist dein Leben,
Dass du auf dich Acht geben sollst.
Schaffe deiner Seele ein köstliches Heim,
Indem du dir regelmäßige Wohlfühlrituale gönnst

Und all die besinnlichen Momente des
Lebens genießt.
Dein Körper wird es dir mit Energie und
Kraft danken
Und dir lebenslang Begleiter auf deinem
Weg durchs Leben sein.
Fühle und erlebe deine eigene Schönheit und
Größe und sei dankbar.

Energie für den Körper

Wer seinen Körper nicht liebevoll und respektvoll behandelt, missachtet das Wunder der Schöpfung und die Einzigartigkeit und Individualität des eigenen Selbst. Der Körper ist ein kostbares Geschenk, der allzu leicht verletzt werden kann und sehr zerbrechlich ist. Weil der Körper das Zuhause der Seele ist, ist jede gute Tat, jeder gute Gedanke und jedes gute Gefühl für den Körper pure Köstlichkeit für Leib und Seele gleichermaßen. Sich selbst Gutes zu tun, sich selbst zu lieben, zu verwöhnen und verwöhnen zu lassen ist unerlässlich für ein erfülltes Leben in Harmonie und Gesundheit. Mit allen Sinnen erlebt der Körper Wohlbefinden. Er kann entspannen, beruhigt oder angeregt werden und wird mit Hilfe wundervoller und zauberhafter Wohlfühlrituale mit Lebensenergie versorgt. Diese Lebensenergie zeigt sich dann durch mehr Kraft im Alltag, durch Sinnenfreude und durch Gelassenheit.

Mein Wohlfühltipp

Nimm dir mindestens zweimal täglich Zeit, um deinen Körper zu verwöhnen und mit allen Sinnen die Köstlichkeiten des Wohlfühlens wahrzunehmen. Die Körperpflege am Morgen und am Abend ist dazu bestens geeignet.

Duftzauber

Lasse dich mit allen Sinnen vom Zauber der Düfte betören
Und schwelge in Düften,
Die deine Seele streicheln
Und deine Nase erfreuen.
Verwende frische Zitrusdüfte,
Wenn du wach und fit sein möchtest,
Und lasse dich mit Lavendel und Melisse
In den Schlaf schaukeln.
Der sanfte Duft der Rosen wird dir zum Zeichen
Der Liebe werden,
Mit blumigen und hölzernen Düften wirst du
Deine Lust entfachen

Und deinem Leben eine sinnliche und
Erotische Note geben.
Nimm die Düfte des Lebens an
Wie kostbare Geschenke,
Berausche dich an der Wonne der Natur
Und versuche zu erraten,
Wie einzigartig dein Leben
Duften kann und wie
Dufte du es gestalten möchtest.

Oase der Düfte

Wenn du deinen Körper entspannen, anregen, harmonisieren oder vitalisieren möchtest, helfen dir Düfte, deinen Körper zu verwöhnen und über deinen Geruchssinn zu mehr Wohlbefinden im Alltag zu bringen. Eine einfache Duftlampe und einige reine ätherische Öle genügen, um deine gesamte Umgebung zu verzaubern und es dir wieder gut gehen zu lassen. Achte darauf, dass du keine unreinen Düfte verwendest, sie könnten dir Kopfschmerzen bereiten. Auch sei bei der Verwendung von Parfum vorsichtig. Verwende Parfum nur in geringer Dosierung, denn diese chemischen Düfte können Allergien auslösen und dich überreizen. Ein zauberhafter und reiner Duft wirkt hingegen Wunder und kann deine Stimmung so positiv beeinflussen, dass du nicht nur ein entspannendes Wohlgefühl erlebst, sondern dich besonders belebt, motiviert und glücklich fühlst.

Mein Wohlfühltipp

Wann immer es dir möglich ist, solltest du die Gerüche der Natur mit all deinen Sinnen auskosten. Die besten Düfte zum Wohlfühlen sind: Vanille, Mandarine, Honig, Zimt, Lavendel, Kokos, Orange, Schokolade, Sandelholz und Rose.

Pflegende Streicheleinheiten

Gönne deiner Haut
Cremige Genüsse,
Die samtweich und schmelzend
Einen besonderen Pflegeschimmer über deinen Teint legen,
Dich nähren und verwöhnen.
Sahnig, weich und duftend
Erlebst du die Lust deines Körpers,
Mit Hilfe von Cremes und Emulsionen
Geschmeidig zu sein
Und Spannkraft zu bekommen.
Jede Berührung ist dann wie eine kostbare
Streicheleinheit.

Du schenkst deinem Körper und vor allem
Deiner Haut
Aufmerksamkeit, Liebe und Genuss,
Und zusammen mit der Schönheit
Deines Wesens strahlt die Schönheit eines
Gepflegten Äußeren und schenkt dir
Charisma und Selbstsicherheit.

Balsam für die Haut

Nimm dir die Zeit, deine Haut in Ruhe zu reinigen und anschließend mit nährenden Cremes zu verwöhnen. Verwende dazu hauptsächlich Cremes mit natürlichen Inhaltsstoffen und reinen ätherischen Ölen als Duftträger. Du kannst aber auch ein besonders hautpflegendes Basisöl verwenden, das du direkt nach dem Baden oder Duschen in die noch leicht feuchte Haut einmassierst. Dem Basisöl kannst du nach Belieben einen reinen ätherischen Duft beimischen. Achte darauf, dass deine Pflegeprodukte keine Mineralöle enthalten. Sie legen sich zwar wie ein Schutzfilm über die Haut, besitzen aber keine pflegenden, nährenden und aufbauenden Eigenschaften. Für die Gesichtspflege eignen sich hingegen leichte Cremes und Emulsionen, die dir Feuchtigkeit schenken und den Stoffwechsel der Haut positiv beeinflussen. Vergiss bitte nie, dich abends abzuschminken und eine Creme erst dann aufzutragen, wenn die Schmutzpartikel des Tages auf sanfte Weise entfernt worden sind.

Mein Wohlfühltipp

Besorge dir eine Hautpflege, die auf deinen Hauttyp abgestimmt ist und die deiner Haut genügend Fett und Feuchtigkeit spendet. Die beliebtesten Hautöle sind: Mandelöl, Jojobaöl, Olivenöl, Aprikosenkernöl.

Badewonnen

Gleite sanft in die weiche Wärme eines Bades
Und genieße das Wohlgefühl im Wasser
Mit Haut und Haaren.
Im warmen Strudel der Wasserwellen
Kannst du deinen Alltag hinter dir lassen
Und Körper, Geist und Seele erholen.
Selbst ein kurzes Bad genügt,
Um dich zu verzaubern
Und dich in die Märchenwelt des Wohlgefühls
Zu entführen.
Badedüfte begleiten dich auf deiner Wasserreise,
Pflegende Lotionen und Duschbäder
Umhüllen dich mit Sanftheit.

Das kleine Paradies deines Bades wird zum Ort
Deiner Träume,
Um dir wieder neue Kräfte zu verleihen
Und deine Energie zu stärken.
Du fühlst dich erfrischt und bist im Einklang
Mit dir selbst.

Energie des Wassers

Erfrische dich im heißen Sommer und erwärme dich im kalten Winter mit der heilenden und verwöhnenden Kraft des Wassers. Ein Wannenbad bringt Segen zu jeder Jahreszeit und verhilft dir zu Entspannung und Vitalisierung. Je nach Badezusatz kannst du Schmerzen lindern, deinen Geist beruhigen, deine müden Glieder erfrischen, deine Sorgen vertreiben, dich abkühlen oder dich in weiche Wärme kuscheln und Geborgenheit erfahren. Die Welt im Badezimmer gehört jetzt nur dir. Hier ist die Oase, die dich vor deinem Alltag abschirmt und dir eine köstliche Verschnaufpause gönnt. Lasse dich treiben, wenn du dich im Wasser aalst und mit Leib und Seele wieder zu Kräften kommst. Wenn du möchtest, verwende ein pflegendes Badeöl oder besorge dir Meersalz, auf das du einige Tropfen eines ätherischen Öls träufelst. Gieße das Meersalz ins laufende Wasser. Ebenso kannst du Sahne, Milch oder Honig verwenden und mit deinem Lieblingsduft mischen.

Mein Wohlfühltipp

Je wärmer das Badewasser, desto entspannender wirkt das Bad. Anschließend solltest du dich ausruhen oder dir Schlaf gönnen. Verwende keine Schaumbäder, sie laugen die Haut aus. Kurze, kühle Bäder wirken erfrischend und belebend.

Köstliche Gaumenfreuden

Lasse dein Wohlgefühl
Durch den Magen gehen und
Erlebe ein köstliches Mahl als
Sinnliche Gaumenfreude.
Verfeinere deinen Geschmack
Und koste den Genuss jedes
Einzelnen Bissens
Mit Lust und Wonne aus.
Schnuppere die feine Süße
Von edlen Speisen,
Von Schokoladengenüssen
Und sahnigen Cremes.

Lasse die herben Noten erlesener
Gewürze
Auf deiner Zunge zergehen.
Schlemme und schwelge mit Bedacht in feierlicher Atmosphäre
Und gönne dir hin und wieder ein klein wenig Luxus
Für den Gaumen –
Und du wirst dich wunderbar geborgen und erhaben fühlen.

Sinnliche Genüsse

Gönne dir hin und wieder ein köstliches Mahl in himmlischer Atmosphäre in edlem und stimmungsvollem Ambiente mit lieben Menschen. Kleine Gaumenfreuden, die den Rahmen des Alltags sprengen, lassen Vorfreude aufkommen und versetzen dich in eine feierliche Stimmung. Auf diese Weise kannst du dich aus deinem Alltagseinerlei erheben und über den Gaumen und liebevoll zubereitete Speisen Wohlgefühl empfinden. Genieße den einzigartigen Geschmack erlesener Gerichte und Gewürze. Lasse kleine Mengen wundervoll sahniger Genüsse auf der Zunge zergehen. Koste Schokolade und Pralinen, nippe an einem guten Wein und probiere einen cremigen Camembert. Ein gutes Essen ist Sinnlichkeit pur! Und um dein sinnliches Erleben zu steigern, sorge für eine geschmackvolle Stimmung beim Tafeln, dekoriere mit liebevoller Hand und bereichere dich mit Kerzenschein, leiser Hintergrundmusik und festlicher Kleidung.

Mein Wohlfühltipp

Schließe die Augen und versuche, verschiedene Gewürze, Düfte und Speisen nur mit Mund, Zunge und Gaumen zu erkennen. Kaue langsam und genieße jeden Bissen mit Wonne.

Feiner Ohrenschmaus

Höre auf die leisen Stimmen der Natur,
Das flüsternde Rauschen eines Bächleins,
Das muntere Zwitschern der Vögel,
Das sanfte Säuseln des Windes im Frühling
Oder das aufregende Rascheln der Tiere im
Wald.
Höre ganz bewusst
Und aufmerksam
Auf die unendlich vielen Laute,
Die dir jeden Tag begegnen,
Und suche dir die Töne des Lebens,
Die dir gut tun
Und deine Seele mit Wohlgefühl streicheln.
Erhole dich in der Stille.

Musik und Klänge, die du magst
Werden dich tief im Herzen treffen
Und dich in genussvolle Schwingung
Versetzen.
So wird der Klang der Welt zu deinem
Persönlichen Begleiter im Alltag.

Klangwelten zum Wohlfühlen

Wenn dich der tägliche Lärm der Welt belästigt, dann gehe sooft wie möglich in die Stille und schalte alle Lärmquellen ab. Verschließe deine Ohren und höre einzig auf den Schlag deines Herzens und das fröhliche Rauschen deines Blutes. Gehe zur Erholung in die freie Natur und lausche ganz bewusst den vielen Lauten, die dort zu hören und zu erleben sind. Besonders im Frühling, Sommer und Herbst wirst du erleben, wie facettenreich die Töne der Natur sein können und wie sehr dich all die natürlichen Geräusche bezaubern und verwandeln werden, sodass all dein Alltagsstress vergessen ist. Suche und umgebe dich ebenso bewusst mit Wohlklängen, die deinem Gemüt gut tun, deine Seele verwöhnen und deiner momentanen Stimmung entsprechen. Sanfte Melodien, heroische Symphonien, fetzige Rhythmen, beschwingte oder beruhigende Töne lassen dich entweder zur Ruhe kommen oder schenken dir die nötige Motivation, um dich wieder voll und ganz fit und wohl zu fühlen.

Mein Wohlfühltipp

Morgens helfen dir beschwingte Rhythmen, um schnell wach zu werden. Abends tun dir eher beruhigende Melodien wohl, die dich sanft entspannen lassen.

Berührungen und Massagen

Berührungen sind Nahrung für Leib und Seele,
Deshalb genieße die Wohltat
Angenehmer Massagen
Und Streicheleinheiten
Zusammen mit einem liebevollen Partner.
Verwöhnt euch gegenseitig
Und verwendet dazu duftende Öle oder
Cremige Salben,
Die der Haut schmeicheln und die Sinne beleben.
Lasse dich auch innerlich tief berühren
Durch die Zärtlichkeit
Liebender Hände und Finger,
Die dir Aufmerksamkeit,
Wohlgefühl und Liebe schenken.

Nimm und gib gleichermaßen,
Sodass das Streicheln, Berühren
Und Massieren
Zu einer fließenden Gabe der
Zusammengehörigkeit wird.
Genieße die Hingabe und das Empfangen und lasse
Den Alltag auf diese Weise einfach
Hinter dir.

Zauber der Berührungen

Eine wohltuende Massage benötigt einen liebevollen Partner. Natürlich kannst du dich zwar jederzeit selbst massieren und dir zärtliche Berührungen schenken, aber gemeinsam mit einem Menschen, mit dem du in Liebe verbunden bist, wird das Geschenk jeder Berührung zu einem besonders schönen und wohltuenden Erlebnis. Dazu gehört auch, dass ihr euch Zeit füreinander nehmt und ganz bewusst den Alltag hinter euch lasst. Und dann sind eurer Fantasie und euren Händen keine Grenzen gesetzt. Sanfte, streichelnde, knetende, klopfende und reibende Berührungen lösen körperliche und seelische Verspannungen und schenken Wohlbefinden für Leib und Seele. Der ganze Körper wird wieder weich und geschmeidig. Du kannst dich während einer Massage wunderbar entspannen und dich körperlich regenerieren. Zärtlich wirst du berührt und verwöhnt, um anschließend das kostbare Geschenk an deinen Partner weiterzugeben und somit eurer Liebe Ausdruck zu verleihen.

Mein Wohlfühltipp

Reserviert Euch am Wochenende Zeit für eine ausgiebige Partnermassage und krault und streichelt euch unter der Woche abends, wenn ihr nebeneinander auf dem Sofa sitzt. Wenn du keinen Massagepartner hast, gönne dir ab und zu eine Wohlfühlmassage bei einem Masseur.

Mit Samt und Seide

Hülle dich ein in seidige Gewänder
Und edle Stoffe.
Genieße die Berührung
Dieses wohligen Gefühls
Auf deiner nackten Haut
Und genieße
Wunderbare und aufregende Fühlerlebnisse
Mit all deinen Sinnen.
Schließe die Augen,
Um besser spüren zu können,
Und das Schmeicheln
Eines luftigen oder samtigen Stoffes
Auf deiner Haut voll auszukosten.

Besorge dir Wellnesskleidung,
Die nicht nur deine Augen verwöhnt,
Sondern vor allem deine Haut betört
Und dich den ganzen Tag in wohlige und dennoch edle Eleganz hüllt.

Stoffe für Haut und Seele

Lege dir verschiedene Stoffe bereit, die du mit geschlossenen Augen erfühlst. Fahre langsam, sanft und zärtlich mit den Fingerspitzen über die Stoffbahnen und fühle die Unterschiede und Feinheiten verschiedener Stoffe. Suche deine Kleidung nicht nur nach optischen Aspekten aus, sondern achte ganz bewusst auf ein gutes Gefühl auf der Haut. Raue, unbequeme oder gar kratzige Kleidung wirkt sich auf Dauer negativ auf dein Gemüt aus. Du bist dann schlecht gelaunt und gereizt. Die Kunst wird es sein, dir schöne, elegante und edle Kleidung zu kaufen, die gut aussieht, bequem ist und dir Freudenschauer über den Rücken laufen lässt. Samt und Seide sind zum Beispiel Stoffe, die edel aussehen und der Haut schmeicheln. Auch luftiger Chiffon, weiche Spitze, flauschige Baumwolle oder kuschelige Fleecestoffe verwöhnen die Haut und schenken dir ein gutes Gefühl. Und wenn du dich abends in eine warme Schmusedecke hüllst, kannst du den Alltag gemütlich ausklingen lassen.

Mein Wohlfühltipp

Wenn du dich schlecht fühlst, hebt ein edles Kleidungsstück gleich deine Stimmung. Lege ab und zu einen Gammeltag in absoluter Wohlfühlkleidung ein, um wieder zu Kräften zu kommen.

Wahrer Augenschmaus

Deine Augen lieben die bunte Vielfalt
Dieser Welt.
Sie wollen sehen, verführt und angeregt werden
Und sehnen sich nach milden Farbtönen,
Die Entspannung schenken,
Ebenso wie nach schrillen und extravaganten
Eindrücken,
Die inspirierend wirken.
Doch hin und wieder
Wünschen sich deine Augen
Nichts anderes als Erholung.
Dann schließe sie und gib dich einzig
Deinen inneren Bildern hin.

Ist die Welt öde oder grau,
Dann verweile in den Bildern deiner Gedanken
Und erschaffe dir eine Wohlfühlwelt
Mit all deinen heimlichen Träumen und Sehnsüchten.

Wohlfühlbilder

Täglich stürzen eine Vielzahl von visuellen Eindrücken auf dich ein, sodass deine Augen permanent überfordert sind. Schnell huschen die Bilder an dir vorbei, sind laut, schrill und grell. Um Wohlgefühl zu empfinden und Stress abzubauen, ist es manchmal nötig, alle Eindrücke radikal abzustellen und die Augen zu schließen. Jetzt kannst du in aller Ruhe den Bildern deiner eigenen Seele folgen und dir mit Hilfe deiner Gedanken ein Szenario erschaffen, das dir gut tut. Ein schöner Sandstrand, eine grüne Wiese im Frühling, eine verschneite Landschaft oder ein aufregendes Bergpanorama bringen dir wieder Erholung und Entspannung. Um deine Augen zu erfreuen, wandle in lieblichen Landschaften, lenke deine Aufmerksamkeit auf einzelne Gegenstände, die du ganz bewusst wahrnimmst und betrachtest, und entdecke all die kleinen Dinge, die dir die Natur schenkt. Nimm bewusst wahr und verwöhne deine Augen mit angenehmen Farben.

Mein Wohlfühltipp

Sammle Kunstdrucke oder Fotografien, die dir gefallen. Landschaftsaufnahmen sind dafür besonders gut geeignet. Diese betrachtest du immer wieder im Laufe des Tages.

Farbenrausch

Farben verändern deine Stimmung,
Wirken erwärmend oder erfrischend
Und verzaubern deinen Alltag.
Mit kräftigen Farben
Kannst du den Grauschleier
Aus deinem Leben
Vertreiben,
Dich inspirieren und motivieren.
Kräftige Farben
Wirken besonders anregend und effektiv,
Mit sanften und zarten Farben
Bringst du Zärtlichkeit
In dein Leben
Und kannst dein Lebenstempo entschleunigen
Und zur Ruhe bringen.

Sanfte Farben hüllen dich ein und sagen dir,
Dass du ganz du selbst sein kannst.

Die Magie der Farben

Wenn du die Aussagekraft der Farben in deinem Alltag ganz bewusst einsetzt, kannst du sehr viel verändern, bewirken und erreichen. Kräftige Farben ermutigen dich, dein Leben anzupacken. Sanfte Farben wirken besänftigend, harmonisierend und ausgleichend. Rote Farbtöne schenken Wärme und Geborgenheit, signalisieren aber auch Aggressivität und Tatkraft. Blaue Töne sorgen für Ruhe und Besonnenheit, drücken aber auch Kühle und Distanz aus. Grün hat erfrischende und heilende Wirkung, kann aber auch kühl wirken. Gelb macht fröhlich und heiter, Orange sorgt für Kreativität und Ideenvielfalt, Schwarz symbolisiert Rückzug und Schutz, Violett stärkt die Geisteskräfte, Pink wirkt frech und eigenwillig. Pastellfarben hingeben drücken Sanftmut aus und machen dich empfänglich für neue Ideen und liebevolle Gedanken und Empfindungen. Versuche, farbige Kontraste in deinem Lebensumfeld zu setzen und die Farben deiner Kleidung mit deinem Haut- und Haartyp zu koordinieren.

Mein Wohlfühltipp

Setze Farben bewusst ein, um wach, munter, fröhlich oder ruhig und gelassen zu werden. Farbige Accessoires verändern die Stimmung schnell und unkompliziert.

Bewegung und Tanz

Bewegung und Tanz
Beleben deinen Körper,
Erfrischen deine Seele
Und machen dir Lust
Dich ganz und gar in
Deinem Körper zu Hause zu fühlen.
Lasse dich durch sanfte Bewegungen
In Schwung bringen,
Um mit der nötigen Balance
Bewegung in dein Leben
Einfließen zu lassen.
Denn wenn du innerlich und äußerlich
Bewegt bist,

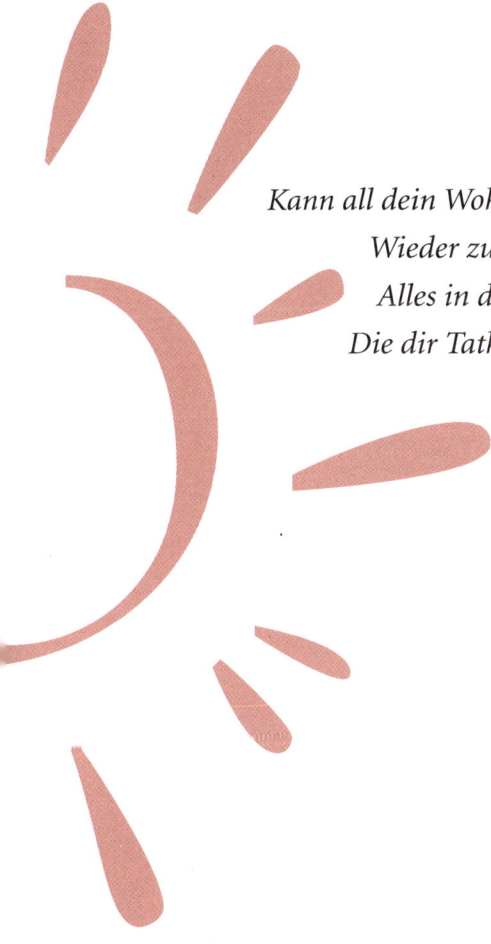

Kann all dein Wohlgefühl
Wieder zum Ausdruck kommen.
Alles in dir ist dann befreiende Schwingung,
Die dir Tatkraft verleiht und dir ein Lächeln auf die Lippen zaubert.
Dein ganzes Leben ist ein Tanz aus Leichtigkeit, Anmut und Fröhlichkeit.

Schwungvoll leben

Tanz und Bewegung dienen nicht dazu, dich bloßzustellen und dich aus deinem bequemen Sessel wegzulotsen, sondern schenken dir eine besondere Art von Wohlgefühl. Du kommst in Schwung! Du straffst deinen Körper, bringst deinen Kreislauf in Gang, formst deine Muskeln, bleibst biegsam und geschmeidig. Wer sich regelmäßig bewegt, wirkt jünger, sieht besser aus und hat mehr Freude am Leben! Voraussetzung dafür ist, dass die Art der Bewegung Spaß machen muss und nicht zum Leistungssport ausartet. Alles, was dir an Bewegung Freude bereitet, tut Leib und Seele gut. Du fühlst dich einfach besser und wohler, bist aktiver und vitaler und erholst dich mit Hilfe der Bewegung von deinem Alltagsstress. Bewegung und Tanz helfen dir, Glückshormone auszuschütten. Nebenbei wirkst du anmutiger, kraftvoller und selbstsicherer. Alles an dir kann schwingen und fließen, kann sich entfalten und dich von allen Sorgen und Belastungen befreien.

Mein Wohlfühltipp

Nutze auch im Alltag jede Möglichkeit zur Bewegung. Lasse öfter dein Auto stehen und den Fahrstuhl links liegen. Ein kleiner Spaziergang in der Mittagspause wirkt Wunder. Und denke daran: Bewegung ist immer und überall möglich!

Schöpferische Kraft der Hände

Mit deinen Händen
Kannst du kreativ tätig werden,
Dir deine Welt erschaffen
Und verändern.
Mit Tatkraft gehst du ans Werk
Und lässt deine Ideen
Wirklichkeit werden.
Dein Einfallsreichtum,
Deine Fantasie und
Dein Wille etwas zu tun
Werden dich leiten
Und begleiten.
Lasse dich inspirieren von deiner Umwelt,
Schöpfe aus dir selbst und aus dem Inneren,
Deiner Seele.

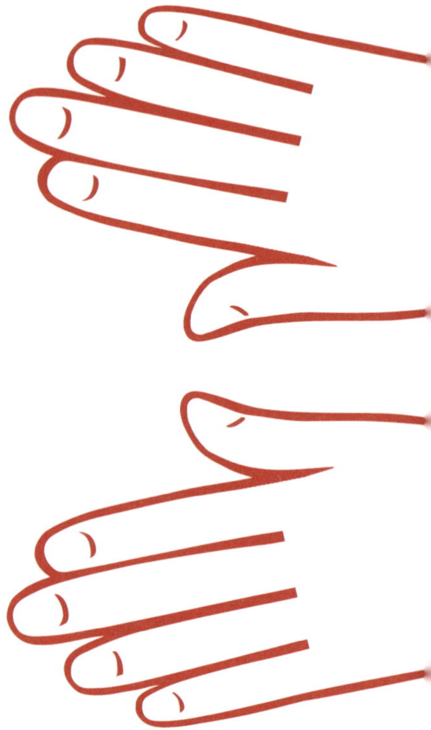

So werden deine Hände Großartiges vollbringen,
Dir Freude bereiten, dich stolz machen und dir
Anerkennung und Wohlgefühl schenken.

Mehr Kreativität

Du bist aufgefordert, von deinen Händen Gebrauch zu machen. Setze sie kreativ in deinem Alltag ein zu deiner eigenen Freude und deinem persönlichen Wohlgefühl. Wenn du auf das Werk deiner Hände blickst, kannst du stolz auf dich sein. Bringe dein schöpferisches Talent voll zur Geltung und überlege, welche Gaben dir in die Wiege gelegt wurden. Kannst du gut kochen, gut schneidern, gut gärtnern, gut handwerken? Oder liegt dir eher das Schreiben, das Malen, das Bildhauen oder das Musizieren? Ob Kunst oder Handwerk – das Tun an sich bringt dir Freude, Entspannung und Wohlgefühl. Du kannst deiner Fantasie und deiner Kreativität folgen und eigene Ideen zum Ausdruck bringen. Oder du suchst nach einer Inspiration, die entweder aus dir selbst oder aus deiner Umwelt stammt. Sollte dir nichts einfallen, dann beginne einfach und planlos und staune dann darüber, wie sich während der Ausführung alles wie von selbst entwickelt.

Mein Wohlfühltipp

Das, was dir am meisten Freude bereitet und bei dem du die Zeit vergisst, wenn du daran arbeitest – das ist genau das Richtige für dich. Lasse alles fließen und gehe mit Leib und Seele ganz hinein ins Tun.

Liebliche Dekorationen

Wenn deine Blicke auf schöne Dinge fallen
Und du mit Lust und Hingabe
Dein Heim und deine Umgebung
Gestalten und verändern kannst,
Dann wirst du ein ganz besonderes
Wohlgefühl empfinden.
Erfahre mit Leib und Seele,
Wie schön und erfrischend
Es ist,
Ordnung in dein Leben zu bringen
Und mit ausgesuchten Gegenständen
Struktur und Form in deinen Alltag zu bringen.

Ob mit Kerzen oder Blumen,
Ob mit Stoffen
Oder Selbstgebasteltem –
Deine Fantasie wird dich anleiten,
Die Schönheit der Welt mit lieblichen Händen
Bei dir zu Hause zum Ausdruck zu bringen.

Das Wohlfühl-Ambiente

Was wäre ein Heim ohne die schönen Dinge des Lebens, die den Alltag verzaubern und deine Umgebung immer wieder in einem neuen Licht und Kleid erstrahlen lassen? Ein Wohlfühlambiente trägt sehr viel zu einer guten, wohnlichen und geborgenen Stimmung bei. Schmeichelnde Accessoires, Dekorationsgegenstände, Erinnerungsstücke, Gemälde und Möbel bringen Behaglichkeit und gestalten mit Esprit und Einzigartigkeit dein Leben. Auch mit ein wenig Geld lässt sich dein Zuhause verändern. Topfpflanzen, Stoffe, Kerzen, Steine, Muscheln und Selbstgebasteltes sind nicht kostspielig, lassen aber immer wieder neue Variationen und Veränderungsmöglichkeiten im Alltag zu. Allein das Gestalten wird dir sehr viel Freude bereiten. Und um immer wieder neu erfreut zu werden, kannst du sooft es dir beliebt Veränderungen vornehmen und deine Umgebung neu dekorieren.

Mein Wohlfühltipp

Kleine Veränderungen bringen schon sehr viel. Am einfachsten sind Dekorationen, die sich an die wechselnden Jahreszeiten anpassen. Verwende dazu die Gaben der Natur.

Blütenfülle

Erlebe die betörenden Düfte
Einzigartiger Blüten
Und erquicke dich
An der Vielfalt und Schönheit
Der Natur.
Blumensträuße,
Blüten aus dem Garten
Oder frisch gepflückt von Frühlings- oder
Sommerwiesen,
Erheitern dein Gemüt
Und schenken dir
Ein Stück Lebendigkeit.
Fühle einmal die Beschaffenheit
Der weichen Blüten und Blätter,

Lasse dich fallen
In der Blütenfülle des Frühjahrs.
Wenn die Bäume dich mit märchenhafter Pracht
Verwöhnen,
Sei selbst wie eine Blüte und erblühe zu neuem
Leben!

Botschaft der Blumen

Blumen kannst du das ganze Jahr über bewundern, auch wenn die Blütenfülle des Frühlings unübertroffen ist. Schwelge und schwärme, rieche und staune und lasse dich berauschen. Jede Blume lässt dich erahnen, wie einzigartig das Leben ist und wie schön es ist, sein Leben zum Erblühen zu bringen. Diese Erkenntnis bringt unendlich viel Genuss! Deshalb lerne, die Pracht und Schönheit von Blumen und Blüten zu genießen. Fühle die Zartheit der Blütenköpfe, strahle mit den zahlreichen Ausdrucksformen der Pflanzen um die Wette und betrachte die unterschiedlichen Farbtöne der Blüten mit liebenden Augen. Wie herrlich die Welt doch ist! Mit welcher Schönheit du beschenkt wirst! Gehe deshalb in die Natur und streife durch die blühenden Wiesen. Hole dir frische Schnittblumen ins Haus und pflege die Pracht der Blumen auf deinem Balkon oder Garten. Und wenn es dir einmal schlecht geht, dann schnuppere an dem frischen Duft der Blumen und lasse dich zum Träumen verführen.

Mein Wohlfühltipp

Welkende Blumen geben keine guten Energien mehr ab. Deshalb ersetze sie sofort. Für eine Weile können auch schöne Stoffblumen deine Welt verzaubern.

Im Rosengarten

Rosengärten sind besondere Zauberer:
Sie schenken dir Romantik
Und umhüllen dich mit dem
Märchenhaften
Flair üppiger Schönheit.
Der zarte Rosenduft
Erinnert dich
An die Lieblichkeit
Und Zärtlichkeit
Des menschlichen Miteinanders.
Als Zeichen der Liebe
Öffnet
Ein Rosengarten
Dein Herz

Für Wohlempfinden
Und Empfindsamkeit
Gegenüber allem Lebendigen,
Sodass du selbst zur Schönheit
Der Welt wirst.

Königin der Blumen

Wenn du einen Rosengarten betrittst, wirst du sofort all deine Sorgen vergessen. Im Rosengarten herrschen andere Gesetze. Dort findest du Liebe, Zärtlichkeit, Überschwang, Romantik, Üppigkeit, Pracht und märchenhafte Träume. In der Welt der Rosen bist du weit weg von deiner kalten und lieblosen Wirklichkeit. Wenn es dir möglich ist, dann lege selbst ein Rosenbeet an, um dich im Frühjahr, Sommer und Herbst an den duftenden und hinreißend schönen Blüten zu erfreuen. Auch in Töpfen gedeihen manche Rosen und können deinen Balkon in ein kleines Paradies verwandeln. Im Winter besorge dir Bücher über Rosen und Rosengärten oder Rosenkalender. So hast du deine persönlichen Rosen immer bei dir und kannst dich auch an frostigen Tagen verwöhnen lassen. Ein Rosenstrauß auf deinem Esstisch sorgt für einen Hauch Eleganz. Duftrosen schenken dir einen exquisiten Duft und können vielerlei Verwendung finden, zum Beispiel im Badewasser oder beim Kochen.

Mein Wohlfühltipp

Besuche sooft wie möglich öffentliche Gartenanlagen mit Rosenbeeten und du wirst garantiert auf andere Gedanken kommen. Mache Fotos von deinen Lieblingsrosen!

Im Licht der Kerzen

Kerzenschimmer
Beruhigt dein Gemüt
Und ist Balsam
Für deine verwundete Seele.
Das warme Licht
Taucht die Welt
In einen einzigartigen Glanz
Und regt dich zum Träumen
Und Entspannen an.
Wärme und Geborgenheit
Verströmt

Das sanfte Licht der Kerzen
Und sorgt dafür,
Dass so manche kalten Wintertage
Zu einem Lichtblick im Leben werden.
Kerzenlicht ist aber auch Ausdruck einer
Feierlichen Stimmung
Und erinnert dich daran, dein Leben
Mit Freude zu feiern.

Sanfter Lichtschein

Kein Winter wäre ohne Kerzen denkbar. Wenn es grau und dunkel geworden ist, dann verwöhnt dich der sanfte Kerzenschimmer in doppelter Hinsicht. Er sorgt für Wärme und Licht, aber auch für eine feierliche Stimmung und für ein ganz besonders romantisches Flair. Kerzenschein lässt die Liebe leben und vertreibt deine dunklen Gedanken. Romantische Geschichten, Liebesgeflüster und traute Gespräche sind im Kerzenschein viel eher möglich als bei strahlend heller Beleuchtung. Im Sommer, wenn die Abende lange hell sind, sorgen Kerzen im Freien für Romantik und empfangen die warme Nacht mit ihrem natürlichen Glanz. Da Kerzenlicht ganz besonders heimelig ist, kann es also das ganze Jahr über eingesetzt werden. Und wenn du dich abends müde und abgespannt fühlst, blicke sorglos in das beruhigende Licht einer Kerze, um meditative Ruhe zu erlangen und dich wieder an Leib und Seele wohl zu fühlen. Im Kerzenlicht kannst du voll und ganz entspannen.

Mein Wohlfühltipp

Schöne, nostalgische Leuchter sorgen für eine ganz besonders schöne Stimmung. Duftkerzen machen gute Laune. Und Teelichter in bunten Gläsern können überall eingesetzt werden.

Mein Bett

Genieße ruhige und wohlige Stunden
In deinem Bett,
Lasse deine Gedanken schweifen
Und sei herzlich
Eingeladen,
Dich aus dem Alltag
Hinweg zu träumen,
Wenn du in weichen Kissen liegst
Und Muße hast,
Dein Leben mit Bedacht anzugehen.
Gemütliche Abendstunden
Oder himmlisch entspannende Morgenstunden

Im Bett erlauben dir,
Dich nur mit dir alleine zu beschäftigen,
Im Bett zu lesen, zu meditieren, zu spielen,
Zu essen und zu faulenzen –
Oder dir einen erholsamen Schönheitsschlaf zu gönnen.

Traumhafte Ruhe

Dein Bett ist mehr als nur eine Schlafstätte der Nacht. Im Bett kannst du einen ganz Tag lang ausspannen, ruhige und meditative Minuten verbringen oder dich eine Zeit lang aus dem Alltag davon träumen. Dein Bett gehört nur dir, um es dir dort so gemütlich wie möglich zu machen. Nach einem anstrengenden Arbeitstag kannst du dich sogleich ins Bett begeben, um den Abend zwischen weichen Kissen zu verbringen und vom Alltag abzuschalten. Du wirst spüren, wie schnell du wieder zu Kräften kommst, wenn du eine Zeit lang im Bett verbracht hast. Dort kannst du alles Schöne tun, das dich interessiert. Musikhören, Essen, Lesen, Meditieren, Fernsehen oder einfach nur eingekuschelt daliegen und träumen. Und wenn du wirklich total erschöpft bist, dann gönnst du dir ein Nickerchen oder gehst einfach abends früh zu Bett, um dich einmal wieder so richtig auszuschlafen. Schlaf ist Wohlgefühl und Regeneration für Leib und Seele.

Mein Wohlfühltipp

Frisch gelüftete Bettwäsche und frische Luft im Schlafzimmer ermöglichen dir die wohlverdiente Ruhe im Bett und schenken dir wieder neue Kräfte.

Winterzauber

Erliege dem Charme
Des kalten Winters,
Wenn die Eiszapfen von den Dächern hängen
Und kristallklar
Von der Schönheit des Winters erzählen.
Blicke aus dem Fenster,
Wenn klitzekleine Schneekristalle
Vom Himmel rieseln.
Die märchenhafte Winterfreude
Grüßt dich mit stiller Wonne
Und versöhnt dich dann mit grauen
Und sehr dunklen Tagen.
Wenn die Sonne auf frisch gefallenem Schnee glitzert,
Werden auch deine Träume wahr,
Denn der Zauber des Winters

Legt sich mit sanfter Klarheit in deine Seele,
Um dir Rückzugsmöglichkeiten im Alltag
Zu offenbaren.

Freuden des Winters

Auch wenn der Winter viele unschöne Seiten hat, so liegt doch ein ganz besonderer Zauber über ihm. Der Winter ermöglicht es dir, dich von der Tatkraft des übrigen Jahres zu erholen und dich in deine vier Wänden zurückzuziehen. Der Garten ruht, die Natur liegt still und manchmal glitzert der Schnee vor deiner Haustüre und verleitet dich zu einem Spaziergang über tief verschneite Felder und Wiesen. Du erblickst mit Wonne die kleinen Schneeflocken, die lustig vom Himmel tanzen. Wie schön es ist, die fröhlichen und romantischen Seiten des Winters zu erleben! Zu Hause aber kannst du es dir ohne schlechtes Gewissen gemütlich machen, dir ein Wannenbad einlassen, ins offene Feuer des Kamins blicken, dich mit einem dicken Schmöker aufs Sofa kuscheln oder einfach alle viere von dir strecken und eine Kerze entzünden. All die stillen Wohlfühlmomente des Winters werden deine Seele verwöhnen und dir die Augen öffnen für die Geheimnisse des Schnees.

Mein Wohlfühltipp

Mit Wollmütze, Handschuhen, Winterstiefeln und einer pflegenden Hautcreme kannst du jederzeit durch den Schnee stapfen oder auch einmal durch graues Matschwetter waten. Ein heißer Tee erwartet dich dann zu Hause!

Frühlingsträume

Spürst du die laue Luft
Des himmlischen Frühlings?
Lasse dich entführen
In die Welt der blühenden
Bäume,
Des frischen Grüns
Und des Erwachens aus dem
Zarten Schlaf des Winters.
Erlebe die wärmenden Strahlen
Der Sonne
Und lächle
Der Welt mit Freude entgegen.
Wenn Schnee und Eis geschmolzen sind,

Dann beginnt auch dein Leben aufs Neue,
Um dir die Fülle der Welt
In den buntesten Farben zu präsentieren
Und dir duftende Momente des Glücks
Zu schenken.

Zauberhafter Frühling

Wer den Frühling genießen kann, der hat schon gewonnen im Leben. Keine andere Jahreszeit lockt mit so vielen glücklichen Momenten und bringt helle Freude ins Leben. Du kannst lachen, du kannst fröhlich sein, du kannst die Wärme der Sonne genießen und erleben, wie die ganze Natur aus ihrem Winterschlaf erwacht. Auch in deinem Leben wird es nun Zeit für neue Ideen, für Inspiration und Tatkraft geben. Schluss mit dem Winterschlaf und mit Langeweile! Jetzt geht es hinaus in die wartende Welt und neuen Ufern entgegen. Und wie der Mai alles neu macht, so verwandeln sich deine Melancholie und Lethargie in schöpferisches Tun und Handeln. Du wirst sehen, dass es dir unendlich viel Spaß machen wird, neue Seiten des Lebens zu erforschen und an dir sowie an deiner Umwelt und in der Natur zu entdecken. Der Frühling ist geradezu gemacht für Wohlfühlrituale und großartige Ideen. Gib deinem Leben Gestalt und bringe frischen Wind in deinen Alltag.

Mein Wohlfühltipp

Je länger die Tage werden, desto mehr Zeit kannst du draußen verbringen! Nutze das Frühjahr, um dir täglich Bewegung in der Natur zu verschaffen und erlebe die kurze Blütenpracht der Bäume mit allen Sinnen.

Sommerfeuer

Wenn die Glut der Hitze
Dich berührt,
Dann spielt die Kraft
Der Sommersonne mit dir.
Die Tage sind hell
Und warm,
Voller Verlangen
Und mit unersättlicher Lebenslust
Gespickt.
Heiße Vollmondnächte
Berauschen deine Sinne,
Du verlässt dein sicheres Heim,
Um die Schönheit der Natur
Auf dem Höhepunkt ihrer
Ausdruckskraft zu erleben.

Zwischen Mittagshitze und nächtlichem Wohlgefühl
Zeigt dir der Sommer das leidenschaftliche Feuer des Lebens.

Sommer – reine Lebensfreude

Bestimmt hast du schon einmal die Hitze des Sommers am eigenen Leib erfahren. Leidenschaftliche Begeisterung durchströmt dich. Denn der Sommer ist pure Lebenslust! Jetzt kannst du die Natur voll und ganz genießen, kannst leicht bekleidet all deinen Alltagsproblemen davoneilen und die langen Tage im fröhlichen Beisammensein mit Freunden und Verwandten willkommen heißen. Es wird gelacht, es wird gefeiert, es werden die warmen Nächte zu glutvollen Erinnerungen. Wer das Feuer des Sommers erlebt, den plagen keine Kümmernisse mehr. Nimm dir Zeit, um während der Sommermonate all das zum Ausdruck zu bringen, was in dir ist. Gehe hinaus, gehe unter Menschen und ziehe dich nur dann zurück, wenn die Mittagshitze allzu kräftig ist und du eine Abkühlung benötigst. Im Sommer geht alles viel leichter. Und so wird es dir auch leichter fallen, deinen Alltag zu gestalten und dich im feurigen Schwung des Sommers wohl zu fühlen.

Mein Wohlfühltipp

Wenn es allzu heiß ist, nimm ein kühles Erfrischungsbad und labe dich an all den süßen Früchten, die dir der Sommer schenkt und die deiner Figur gut tun.

Herbstleuchten

Bunte Blätter
Fallen auf moosige Erde
Und zeigen in leuchtenden Farben,
Wie heimelig die Welt
Des Herbstes ist.
Reife Früchte
Hängen an den Bäumen.
Frisch geerntet lobst
Du die Gaben der Natur
Und lässt es dir schmecken.
Die Welt ist reich,
Reich an Fülle und Wohlstand,
Bereit,
Ganz und gar
Von dir wahrgenommen zu werden.

Wenn der stürmische Herbstwind ruft,
Dann wird es Zeit für dich,
Die Wunder des leuchtenden Herbstes zu
Deinen eigenen zu machen.

Herbst – Fest für alle Sinne

Der Herbst ist die Zeit von Fülle und Überfluss. Reichlich hat Mutter Natur aufgetischt, um dich teilhaben zu lassen an erntefrischen Gaben. Riechst du schon den Duft der Trauben, der Früchte und der Erde? Würzig, lustig und beschwingt erwarten dich die leuchtenden Farben des Herbstes und berauschen deine Sinne. Du weißt gar nicht, wo du zuerst hinschauen sollst: auf die Vielfalt der Natur oder auf die prächtigen Farben, in die die Welt getaucht ist. Wenn du dich dem lustigen Treiben des Herbstes hingibst, wirst du einzigartige Momente erleben. Der Herbst lockt weniger mit stiller Einkehr als mit freudigen Feiern. Und dein persönliches Wohlgefühl findest du nun im fröhlichen Beisammensein mit anderen. Genieße die üppige Gastfreundschaft dieser Jahreszeit ohne Zaudern. Denn die folgenden Tage des Winters sind lang. Der Herbst lädt dich ein, all deine Langeweile über Bord zu werfen und noch einmal auf die Pauke zu hauen.

Mein Wohlfühltipp

Es gibt nichts Schöneres als Spaziergänge durch den bunten Herbstwald. Packe deine Wanderschuhe ein, bewege dich, rieche die würzige Erde des Herbstes und sei fröhlich!

Reiselust

Komm und lasse
Deinen Alltag hinter dir
Und gehe auf die Reise.
Die Welt lockt
Dich hinaus,
Um deinen Horizont zu erweitern
Und aus deinem täglichen
Trott auszubrechen.
Das Wohlgefühl
Wartet auf dich
In Form eines aufregenden
Abenteuers.
Lasse dich
Von der Lust auf Reisen verführen
Und gehe räumlich auf Distanz

Zu deinen Sorgen und Problemen.
Du wirst sehen, dass sich das
Wohlgefühl
Wie von selbst einstellt,
Wenn du bereit bist,
Die Welt zu entdecken.

Entdeckerfreuden

Wenn dich die Reiselust packt, dann gebe ihr nach. Du musst dafür nicht dein ganzes Hab und Gut aufgeben oder allzu viel an Kraft und finanziellen Mitteln investieren. Auch ein Ausflug reicht schon aus, um dich wieder auf neue Gedanken zu bringen und die Routine des Alltags zu unterbrechen. Auf Reisen, im Urlaub oder bei einem Ausflug öffnest du dich ganz und nimmst neue Eindrücke auf. Dein Geist erfrischt und wird inspiriert. Und wenn du wieder nach Hause kommst, kannst du viele Dinge mit anderen Augen sehen und deine Sorgen und Probleme anders beurteilen. Oftmals wirst du feststellen, dass sich deine Perspektive nach einer Reise verändert hat. Du bist gelassener, erholter, weniger gestresst und erfüllt von all deinen Erlebnissen. Der Alltag macht dir dann nicht mehr so viel aus. Und etwaige Schwierigkeiten lösen sich wie von selbst auf oder haben für dich nicht mehr denselben Stellenwert wie bisher. Du kannst innerlich loslassen und dich wieder wohl fühlen.

Mein Wohlfühltipp

Ob Pilgerfahrt, Luxusurlaub, Abenteuerreise oder günstiges Pauschalangebot – suche dir Ziele aus, die dir wirklich am Herzen liegen. So ist der Wohlfühleffekt perfekt.

Meeresrauschen

Hörst du das raunende Flüstern des Meeres?
Lausche auf den Klang der Wellen
Und erfahre Frieden und Ruhe
In den kühlen
Und weichen Wogen
Des Meerwassers.
Hier erinnert alles
An den Ursprung des ganzen Seins.
Du bist gut aufgehoben
Und wirst mit salziger
Flüssigkeit umflossen,

Sodass all deine Sorgen
Weggewaschen werden
Und du dich frei
Und wohl fühlen kannst.
Das Rauschen des Meeres
Ist wie der Rhythmus deiner Lebendigkeit.

Maritime Träume

Ein Urlaub am Meer kann Wunder wirken. Wenn du auf die Wellen schaust und dem rauschenden Rhythmus lauschst, dann fällt jeglicher Ballast von dir und du kannst eintauchen in tiefen Frieden. Du bist sicher und geborgen, kannst durchatmen und dich an der Weite und Unendlichkeit des Meeres berauschen. Meeresluft tut nicht nur deiner Lunge gut, sondern verwöhnt deinen Leib und deine Seele. Je nach Jahreszeit und Stimmung kannst du im Meer schwimmen und dich an seinen lustigen Wellen erfreuen. Ist das Meer ruhiger, dann lässt du dich einfach auf den Wellen schaukeln und erlebst hingebungsvolle Momente der Meditation. Manchmal ist es sogar so, dass das Meer dir seine eigenen Geschichten erzählt, wenn du die Augen schließt und ganz genau hinhörst. Das Meer weckt deine Intuition und spornt deine Kreativität an. Und wenn es dir nicht möglich ist, am Meer zu wohnen oder dort Urlaub zu machen, dann besorge dir eine Musik mit Meeresrauschen. So kannst du jederzeit das Meer genießen.

Mein Wohlfühltipp

Besorge dir Meersalz für die Badewanne. Meersalz entgiftet den Körper und schützt ihn vor allzu vielen negativen Energien. Da Meersalz aber schnell müde macht, sollte dein Bad nur kurz dauern.

Bergluft

Die klare Luft der Berge
Lädt dich ein
Dich zu erholen
Und zu entspannen,
Deine Seele baumeln zu lassen
Und deinem Körper
Auftrieb zu geben,
Hoch über die Wolken
Zu wandern
Und stolz
Auf dem Gipfel
Zu stehen,
Um ins Tal zu blicken
Und dem Himmel nahe zu sein.

Breite deine Arme aus,
Um die Freiheit zu fühlen,
Die dir die Bergluft verleiht.

Kraft des Wanderns

Zwar ist es ein wenig mühsam, bergauf zu wandern, über Wurzeln und Steine zu balancieren und mit Schweißtropfen im Gesicht sich den Weg hinauf zum Gipfel zu bahnen. Wenn du aber einmal dein Ziel erreicht hast und oben bist, um über den Wolken zu stehen, ins Tal hinabzuschauen und deinen Blick rund herum über all die anderen Berggipfel streifen zu lassen, dann wirst du erleben, wie befriedigend die klare Luft der Berge sein kann. Und wie stolz du auf dich bist, weil du den Weg geschafft hast. Bergaufwandern stählt deinen Körper, bringt dein Herz-Kreislauf-System in Schwung, fordert deine Konzentration und Kondition und eröffnet dir ungeahnte Möglichkeiten, dich selbst kennen zu lernen und deine Kraft und Stärke auszuprobieren. Finde beim Wandern deinen eigenen Rhythmus, damit du dich nicht überanstrengst. Nimm dir genügend Wegzehrung mit und besorge dir feste Wanderschuhe, die nicht drücken.

Mein Wohlfühltipp

In der Gruppe macht das Bergaufwandern viel mehr Spaß! Nimm, wenn möglich, zum Bergabwandern die Seilbahn. Bergabwandern ist weitaus belastender für die Gelenke und den Beckenboden.

Strandspaziergang

Endlose Sandstrände
Am blauen Meer
Verführen zu paradiesischen
Spaziergängen.
Ziehe Socken und Schuhe aus,
Um am Rande der Wellen
Entlangzuschlendern
Und deine Knöchel sanft
Umspielen zu lassen
Von kühlendem Meerwasser.
Genieße die Weite
Und den Horizont
Und gehe, bis der Weg zu Ende ist.
Dann kehre um

Und erlebe dasselbe Glück der Freiheit
Auf dem Rückweg.
Spüre den Sand auf deinen nackten Füßen
Und atme die befreiende Luft des salzigen Meerwindes.

Zwischen Land und Meer

Badebuchten sind schön. Lange Sandstrände sind noch viel schöner und ermöglichen dir endlose romantische und erquickende Spaziergänge. Während des Gehens wirst du in einen meditativen Rhythmus fallen, das Flüstern des Meeres wahrnehmen und das kühle Wasser spüren, das lustig deine Füße umspült. Strandspaziergänge wirken nicht nur körperlich befreiend, sondern klären deinen Geist. Du kannst deine Gedanken frei schweifen lassen, neue Ideen sammeln, dich von quälenden Überlegungen befreien und wieder zur Ruhe kommen. Durch das Gehen im Sand werden deine Beinmuskeln besonders gut trainiert. Auch deine Gesäßmuskeln profitieren davon. Je schneller du gehst, desto mehr tust du für deine Kondition und deinen Kreislauf. Strandwalken hilft dir, dich fit und gesund zu halten. Wenn du aber nur Lust auf ein gemäßigtes Schlendern hast, dann wird auch dies Leib und Seele gut tun. Entscheide frei aus dem Bauch heraus.

Mein Wohlfühltipp

Meide die pralle Mittagssonne für einen Strandspaziergang. Sie belastet Herz und Kreislauf zu stark und verbrennt die Haut. Setze trotzdem immer einen Sonnenhut auf, wenn du im Sommer am Meer bist.

Wiesen und Wälder

Wald und Wiesen
Sind die Lungen
Der Welt
Und schenken dir
Ein geheimnisvolles
Vergnügen.
Sie wecken deine Urinstinkte
Und geben dir die Möglichkeit,
Dich ganz und gar eins
Mit deiner Umgebung zu fühlen
Und den Wechsel
Der Jahreszeiten
In der Natur besonders nahe
Zu erleben.

Rieche den Duft von Wiesen und Wäldern,
Erkenne ihre Einzigartigkeit,
Sodass du dich schnell erholen kannst
Und immer weißt, dass du ein Teil dieser Natur bist.

Natur – ganz nah

Gehe wann immer es dir möglich ist in den Wald oder wandle über blühende Wiesen. Du wirst deine Sinne öffnen können und im Wechsel der Jahreszeiten stets Erholung und Wohlgefühl finden. Selbst im Winter, wenn alles grau und trist ist oder unter einer dicken Schneedecke verborgen liegt und dir die kalte Luft zu schaffen macht, hat der Anblick der treuen Bäume und der auf das Frühjahr wartenden Wiesen etwas sehr Versöhnliches und Tröstendes. Wiesen und Wälder laden dich zum Picknick, zum Spaziergang, zur Wanderung, zum Joggen, Walken oder Radfahren ein. Du hast Bewegung und erlebst die Natur hautnah. Körper, Geist und Seele können sich erfrischen, und du kannst alle Sorgen loswerden. Wenn du aus der Großstadt kommst, wirst du den Unterschied erleben. Atme kräftig ein und aus und bringe dir die erholsame Frische nach Hause. Gute Land- und Waldluft hilft dir, dich wieder zu sammeln und deinen Körperzellen frischen Sauerstoff zuzuführen. Nun wird dein ganzer Stoffwechsel auf Touren gebracht, und du erlebst das kleine Paradies vor deiner Haustüre.

Mein Wohlfühltipp

Versuche doch einmal, barfuß über eine Wiese zu laufen, Blumen zu pflücken und unter einem Baum zu träumen. Nimm jede Gelegenheit wahr, um dich in der Natur zu erholen.

Wind und Wolken

Beobachte den Himmel
Und lasse deinen Gedanken
Die Freiheit,
Wie die Wolken
Übers Land zu ziehen
Und wie der Wind
Frisch und luftig
Dich mit Inspirationen
Und neuen Ideen
Zu versorgen.
Wenn die Wolken
Am blauen Himmel vorüberziehen,
Kannst du ihnen dein Unwohlsein
Mitgeben

Und dich befreien
Von allen körperlichen,
Geistigen und seelischen
Belastungen.
Du bist frei wie der
Wind!

Spiel des Wetters

Mache es dir zur Gewohnheit, jeden Tag einmal den Himmel zu betrachten und mit den Wolken deine Gedanken auf Reisen zu schicken. Das entspannt und entlastet. Auch wenn du im Büro bist, tritt öfter einmal ans Fenster und lasse deinen Blick schweifen. Beobachte den Wind und das zärtliche Spiel der Wolken am Himmel. Wenn du in abgedunkelten Räumen arbeitest oder gar kein Tageslicht zu Gesicht bekommst, dann nutze die Mittagspause, um wenigstens einmal am Tag in den Himmel zu schauen und dich frei und wohl zu fühlen. Wind und Wolken verwöhnen die Augen und blasen frischen Wind in deinen Alltag. Öffne das Fenster und lasse den Tag und seine Begleiter bei dir sein. Auch wenn die Wolken so dicht hängen, dass es trüb und regnerisch ist. Erwarte die Frische in deinem Leben und sie wird zu dir kommen, wann immer du möchtest. Wind und Wolken sind stets treue Gefährten und jeden Tag aufs Neue dazu aufgelegt, deine Fantasie anzuregen.

Mein Wohlfühltipp

Lasse den Wind in deinen Haaren spielen und deine Haut und Kleidung berühren! Versuche, wie ein Kind, den Wolkenformationen Namen zu geben.

Sonnenaufgang

Die beste Zeit des Tages
Ist der frühe Morgen,
Wenn du die ersten Strahlen
Der Sonne erwartest
Und den würzigen Duft
Des neuen Tages
In dir aufnimmst.
Bereite dir einen Tee oder Kaffee
Und erlebe,
Wie sich das dämmerige Licht
Verflüchtigt
Und den erwachenden Tag begrüßt,
Bis die Strahlen der Sonne warm und herzlich
Am Himmel erscheinen.

Dieses Ritual wird deine Seele erfreuen
Und dir deine eigene innere Jugendlichkeit bewusst machen.
Denn du bist wie der junge Morgen
Und all deine Sorgen haben keine Chancen mehr.

Sinnlicher Start in den Tag

Der Sonnenaufgang ist die beste Zeit des Tages, wenn das Leben frisch erwacht und voller Kraft und Stärke in den Alltag strebt. Wann immer es dir möglich ist, solltest du dir die Zeit nehmen, einen Sonnenaufgang zu erleben und zu sehen, wie sich von Minute zu Minute das Licht verändert und die Welt zu neuem Leben erwacht. Tautröpfchen hängen noch in den Wiesen, zwitschernde Vögel rufen dich auf, fröhlich und mit Heiterkeit dein Tagwerk zu beginnen. Auch wenn du noch müde bist und gähnst, wird dir der Anblick eines Sonnenaufgangs neuen Mut machen und dir auf ganz subtile Art und Weise die Schönheit der Welt und deine eigene Schönheit und Jugendlichkeit offenbaren. Im Inneren trägst du all dies in dir. Deshalb mache dir ein warmes Getränk, lege deine Hände meditierend um deine Tasse und lasse Leib und Seele von dem aufsteigenden Licht der Sonne berühren. Genieße die kostbaren Minuten des Sonnenaufgangs mit Leidenschaft und Liebe.

Mein Wohlfühltipp

Wenn du bisher ein Langschläfer warst, dann ist es ein besonderes Erlebnis, einmal einen Sonnenaufgang zu beobachten. Du wirst sehen, dass dieser Tag ein ganz besonderer und unvergesslicher Tag sein wird.

Abendstimmung

Hast du schon einmal
Nach all deinen Alltagsproblemen
Die Zeit der Abenddämmerung
Zum Ausruhen und Erholen
Bewusst erlebt?
Wie der Morgen,
So birgt der Abend eine ganz besondere
Stimmung und Schönheit.
Es lockt die Nacht mit ihren Vergnügungen,
Doch der Tag ist noch nicht zu Ende.
Das Licht wird schwächer und weicher,
Die Strahlen der Sonne ziehen sich zurück.
In der Dämmerung warten
Viele unausgesprochenen Wunder auf dich,

Wenn du bereit bist zu träumen
Und deiner Fantasie
Freien Lauf zu lassen.
Im Licht der Dämmerung findest du das Wesentliche.

Stimmungsvoller Tagesausklang

Wie oft bist du am Abend einfach nur kaputt und müde. Der Tag hat dich ausgelaugt und dir die Kraft geraubt. Höchste Zeit für eine Mußestunde. Die Zeit der Dämmerung wird deshalb nicht umsonst die blaue Stunde genannt. Sie ist die ultimative Stunde des Wohlfühlens und des Rückzugs. Während die Strahlen der Sonne immer schwächer werden, kannst du auf der Veranda sitzen und vor dich hin träumen. Du kannst Tee trinken und leichtes Gebäck essen, du kannst lesen oder einfach nur die Stille dieser besonderen Zeit genießen. Auch wenn du noch weiter arbeiten musst, weil die Dämmerung sehr früh einsetzt, halte inne und gönne dir eine kleine Pause der Besinnung. Schließe die Augen und verabschiede den Tag mit Dankbarkeit und innerer Zufriedenheit. Atme ein paar Mal ein und aus, um das Tempo zu drosseln und ein wenig Gemütlichkeit in den Tageslauf einfließen zu lassen. Die Abendstimmung ist wie geschaffen für die kleinen Freuden des Alltags.

Mein Wohlfühltipp

Die Abendstimmung ist nicht nur die Zeit der absoluten Ruhe, sondern die allerbeste Zeit für Yoga, Meditation, Tai Chi oder ein sanftes Fitnesstraining!

Mondgedanken

Der Mond ist das Zeichen der Nacht.
Zusammen mit den Sternen
Flüstert dir der Mond zu,
Wie aufregend die Zeit
Der Dunkelheit sein kann.
Der Mond verzaubert dich,
Er macht dich weich und geheimnisvoll.
Er hinterlässt in dir
Spuren
Von Sanftheit
Und Leidenschaft
Zugleich.

Lasse dich leiten von glutvollen Mondnächten,
Die dir bewusst machen,
Wie einzigartig das Leben sein kann.
Werde selbst zum Mond und spüre
Köstliche Augenblicke der Sehnsucht nach Leben, Liebe und Romantik.

Magie des Mondes

Wenn du dir jeden Abend einen Wohlfühlgedanken erlaubst, der deine Sehnsucht nach Liebe, Erfüllung, Romantik, Geheimnis und Zauberkraft stillt, dann hilft dir der Mond dabei. Sein Antlitz verzaubert die Menschen schon seit vielen Jahrhunderten. Er wirkt nicht nur auf den weiblichen Zyklus und einige körperliche Funktionen, sondern bestimmt das Seelenleben mit sanfter Herrschaft. Wer sich richtig wohl fühlen will, seine volle Leistungskraft und Gesundheit ausschöpfen möchte, der lebt nach den Rhythmen des Mondes. Man sagt dem Mond zwar nach, dass er launisch ist und die menschlichen Launen unterstützt, aber er kennt auch strenge Rhythmen, die Leib und Seele in Einklang bringen. Der Vollmond ist Ausdruck praller Lebendigkeit und Lebensfreude. Der abnehmende Mond hilft beim Entschlacken und Entgiften. Der Neumond ist die Zeit des Rückzugs und der inneren Ruhe. Und der zunehmende Mond hilft beim Aufbauen und Aktivieren.

Mein Wohlfühltipp

Besorge dir einen Mondkalender und versuche, einige Lebensgewohnheiten mit dem Rhythmus und den Grundprinzipien des Mondes abzustimmen.

Nebelschleier

Öffne die Schleier
Deiner Seele,
Um wieder Licht
In dein Leben zu lassen.
Wenn draußen
Der Nebel wallt
Und dicke Wolken
Die Sicht verhängen,
Dann nutze diese Zeit
Für deine persönliche Wohlfühlpflege.
Erkenne,
Dass auf alle sonnigen Zeiten
Auch Zeiten des Nebels kommen,
Die dir den Durchblick erschweren,

Aber gleichzeitig auch eine Chance sind,
Das Tempo zu reduzieren
Und dir bewusst eine Auszeit zu gönnen.
Dann wird bald wieder Klarheit herrschen.

Einkehr zur Ruhe

Wenn Herbst und Winter mit dicken Wolken und Nebelschleiern locken, dann sei nicht verdrießt, sondern frohlocke im Inneren. Denn jetzt kannst du in aller Ruhe eine Auszeit nehmen und eventuell einen Gammeltag einlegen. Es locken keine Grillpartys, keine Einkaufsorgien und keine Verwandtenbesuche. Auch der Ausflug ins Grüne entfällt. Dafür kannst du endlos Musik hören, schlafen, Kekse essen und einfach mal nichts tun. Nebelschleier sind aber auch Zeichen anstehender Veränderungen. Noch liegt alles im Nebel. Vielleicht plagen dich unausgegorene Ideen oder es fällt dir schwer, bei einem Problem sachlich zu bleiben oder in einer Sache klar zu sehen. Du musst abwarten! Die Schleier des Nebels fordern dich zur Ruhe auf. Die richtige Zeit zum Handeln wird kommen. Deshalb genieße das trübe Wetter und die innere und äußere Nebelstimmung. Im Augenblick hast du Pause. Und diese Pause hast du dir redlich verdient!

Mein Wohlfühltipp

Nichts geht über einen Tag auf dem Sofa. Lege dein Lieblingsvideo bereit, stelle dir Kekse, Chips oder Eiskrem daneben und pfeife auf Selbstkasteiung und Figurtraining. Heute wird gegammelt!

Magische Momente

Hast du heute schon einen
Magischen Moment erlebt?
Ach,
An dir gehen diese Momente vorbei?
Dann liegt es an dir!
Versuche,
Das Wesentliche im Leben wahrzunehmen
Und die vielen Wunder des Alltags
Zu entdecken.
Dein Tag steckt voller Magie,
Und in jeder Stunde klopft das Glück
An deine Türe,
Ohne dass du es dir bewusst machst.

Die magischen Momente
Liegen nicht in den großen Dingen des Lebens,
Sondern in den winzig kleinen,
Die dich an das Wunder deines eigenen Lebens
Und das der Schöpfung erinnern.

Wunder des Lebens

Dein gesamtes Leben ist stets voller magischer Momente. Aber meistens sind die Menschen so abgestumpft, so müde oder so zerstreut, dass sie die vielen Wunder des Lebens gar nicht mehr wahrnehmen. Öffne deshalb deine Augen wie ein Kind. Bücke dich und schaue den Ameisen zu, wie sie in einer Reihe laufen und Blätter transportieren. Hat dir da nicht jemand zugelächelt? Einfach so? Wieder ein magischer Moment. Oder du siehst, wie die Sonnenstrahlen auf dem See tanzen und zu goldenen Lichtkugeln werden. Vielleicht aber findest du heute ohne großes Suchen einen Parkplatz direkt vor deiner Haustüre. Oder alle Ampeln sind grün. Deine Kinder sind gut gelaunt und im Radio spielen sie deinen Lieblingshit. Wenn du lernst, jeden magischen Moment voll und ganz auszukosten, lebst du im puren Glück. Dann wird dein gesamter Alltag zur Wohlfühloase, weil du dich freuen kannst. Du freust dich an jeder Kleinigkeit und bist einfach glücklich.

Mein Wohlfühltipp

Lerne, einfach grundlos glücklich zu sein. Am einfachsten geht das, wenn du immer wieder bewusst lächelst. Setze dein strahlendstes Lächeln auf und warte mal ab, was passiert!

Symbole des Glücks

Symbole des Glücks
Begleiten dich stumm
Und zärtlich,
Sodass du dich immer
Daran erinnern kannst,
Wie schön das Leben ist.
Erlebe die Sinnlichkeit
Der ganzen Welt
Und deines Lebens,
Deines Körpers, deiner Seele, deines Geistes.
Denn alles sind Zeichen
Des Glücks.
Es ist ein Glück,
Dass es dich gibt,
Und dass du geschaffen bist,

Um Freude zu empfinden und Wohlgefühl zu erfahren.
Die ganze Welt soll ein Ort der Lebensfreude
Und des Glücks für dich sein.

Träume verwirklichen

Alles kann für dich ein Glückssymbol sein. Denn es ist wunderbar, dass es dich gibt, dass du lebst und diese Welt mit deinen Möglichkeiten mitgestaltest. Das ist schon ein besonderes Glück. Du kannst dir nun deine Glückssymbole selbst erschaffen. Horche dazu einmal tief in dich hinein und frage dich, was dir besonders Freude bereitet im Leben. Was sind deine Wünsche und Ziele? Wo liegen deine Träume? Was möchtest du erreichen im Leben und welche Talente liegen in dir verborgen? Möchtest du Karriere machen oder eine Familie gründen? Möchtest du die Welt bereisen oder etwas ganz Neues erfinden? Wenn du selbst bestimmt, was für dich zum Glück wird und diese Idee dann mit Tatkraft verfolgst, wirst du nicht nur im Tun glücklich sein und Freude erfahren, sondern du wirst dich auch in deinem ganzen Alltag immer wieder gut und wohl fühlen. Denn wer den Mut hat, seine Träume und Ziele zu verwirklichen, auch die ganz kleinen, dem geht es einfach gut.

Mein Wohlfühltipp

Beginne mit einem kleinen Ziel, das leicht zu erreichen ist und gehe dann tatkräftig daran, es wahr zu machen. Koste das Glücks- und Wohlgefühl dann voll und ganz aus, wenn du erfolgreich warst!

Engelsgespräche

Mit einem Engel
An deiner Seite
Bist du immer auf der sicheren Seite
Und stets voller Geborgenheit,
Voller Hoffnung
Und eins mit dir selbst.
Und wenn der Tag
Einmal trüb ist und dich
Traurig macht,
Dann übergib
Deinem Engel alle
Sorgen
Und lache dem Leben
Fröhlich zu.

Auch im tiefsten Sumpf
Gibt es Wachstum und Licht.
Für Wohlgefühl, Liebe und Selbstachtung
Lasse dich auf Engelsflügeln ins Wohlgefühl tragen!

Himmlische Hilfe

Wir alle kennen die Tage, an denen gar nichts mehr geht. Du hast schlechte Laune, Schmerzen, Ärger oder einfach keine Lust auf gar nichts. Es ist zum aus der Haut fahren oder zum Heulen. Du bist meilenweit entfernt von deinem persönlichen Wohlgefühl. Und genau das ist der richtige Zeitpunkt, deine Sorgen einem liebenden Engel zu übergeben. Wenn du selbst nicht weiterkommst, dann hat es keinen Sinn, sich weiter den Kopf zu zerbrechen, dich und andere zu martern und zu verzweifeln. Lasse die Engel machen und suche dir eine Beschäftigung, die dir Spaß macht. Und wenn dir gar nichts mehr Spaß macht, dann gehe einfach schlafen und lasse die Welt Welt sein. Sie dreht sich auch einen Augenblick ohne dein Zutun. Komme zur Ruhe, mache Pause, fahre in Urlaub oder lege dich einfach aufs Ohr. Die Engel wirken im Geheimen. Du wirst mit Licht und Liebe versorgt und kannst getrost auf himmlische Hilfe bauen. Wenn du ein Wunder brauchst, dann bitte darum und es wird dir gegeben!

Mein Wohlfühltipp

Engeln kann man alles sagen. Sie sind die idealen Zuhörer, wenn der Alltag schlimm ist. Lasse alles raus! Dann wirst du dich sogleich besser fühlen.

Märchenfeen

Märchenfeen
Sind Zeichen deiner Fantasie.
Sie weisen dich in die Ausgeglichenheit
Zwischen nüchterner Sachlichkeit
Und allzu verklärter Romantik
Und stehen für alles,
Was mit Kreativität,
Kindlichkeit
Und Vergnügtheit
Zu tun hat.
Bei ihnen kannst du ganz Kind sein
Und all deine Konventionen
Über Bord werfen.
Du kannst so sein wie du bist

Und dein Inneres ungestraft
Und sorglos nach außen bringen.
Betrachte dein Leben wie ein spannendes Märchen,
Das du selbst schreibst und darstellst.

Fantastische Welten

Hast du dich schon einmal danach gesehnt, wie Peter Pan niemals erwachsen zu werden und die verspielte Sorglosigkeit eines Kindes zu besitzen? Hast du schon einmal gemerkt, dass die allzu nüchterne Realität dich krank macht und dir all deine Kreativität und dein Wohlgefühl raubt? Dann ist es Zeit für einen Ausflug ins Reich der Fantasie, wo Märchenfeen zu Hause sind, wo es lustige Zauberer und drollige Fantasiegestalten gibt, wo es immer Frühling ist und paradiesische Zustände herrschen. Gönne dir mehrmals am Tag diese kleinen Ausflüge ins Reich der Fantasie. Ob du dich deinen Tagträumen hingibst, dir einen Bildband über Feen und Elfen besorgst, einen Fantasythriller liest, dir einen Kinderfilm ansiehst oder dir lustige Kindereien erlaubst, sei ganz dir überlassen. Gehe Schlittschuhlaufen, baue einen Schneemann, mache eine Schneeballschlacht, baue Sandburgen, setze dich auf eine Schaukel oder verkleide dich. Du wirst dich herrlich amüsieren und wohl fühlen!

Mein Wohlfühltipp

Tagträume kannst du dir jederzeit erlauben. Lustige Kindereien sollten immer wieder in deinen Alltag einfließen. So bleibst du flexibel, geistig fit und aufgeschlossen.

Gebete der Hoffnung

Wenn dich die Verzweiflung plagt,
Dann lasse in dir
Neue Hoffnung keimen.
Ein Gebet
Macht Wunder möglich
Und erleichtert dein Herz.
Sei dankbar für dein Leben,
Dann kehrt ganz schnell
Frieden in deine Seele ein.
Du kommst zur Ruhe
Und bleibst gelassen,
Wenn neue Angriffe kommen
Und dir dein Leben schwer machen.
Auch wenn es im Leben nicht immer
Ohne Schicksalsschläge und Krisen abgeht,

So hilft dir das Beten,
Die tiefste Dunkelheit zu überwinden
Und lichte Hoffnung zu nähren.

Kraft des Gebets

Es gibt leichte und es gibt schwere Zeiten im Leben. Jede Art von Dauerstress macht krank. Aber auch jeder harte Schicksalsschlag und jede Lebenskrise nimmt einem die Freude am Leben. Dann bleibt nur noch die Hoffnung. Mit einem einfachen Wohlfühlritual ist es dann nämlich nicht getan. Du benötigst Zuversicht und einen neuen Lichtblick für deine Zukunft. An der Gegenwart kannst du eventuell im Augenblick nichts konkret verändern oder bewegen. Vielleicht bist du sogar gänzlich festgefahren. Dann hilft dir das Beten, dich innerlich zu sammeln und deinen Blick nicht zurückzuschicken, sondern hoffnungsvoll nach vorne zu sehen und fest daran zu glauben, dass wieder alles gut wird. Jetzt wird das Beten zu deinem Wohlfühlritual. Du kannst es in jeder Lebenssituation einsetzen, es still oder laut sprechen und all deinen Frust, deine Angst, deine Sorgen, deine Nöte hineinpacken, aber auch deine Wünsche äußern. Habe Geduld und bete, dann wirst du die Dunkelheit überstehen.

Mein Wohlfühltipp

Am effektivsten wirken laut gesprochene Gebete. Unterstützend kannst du anschließend noch laut positive Affirmationen sprechen, die dir Mut machen und dich aufbauen.

Vertrauen

Zwei Arten von
Vertrauen
Sind wichtig für dich:
Das Gottvertrauen
Und das Selbstvertrauen.
Wenn du deinen Glauben
Auf das Selbstvertrauen
Und auf das Gottvertrauen
Gleichermaßen lenkst,
Wirst du innerliches
Und äußerliches Gleichgewicht
Erfahren.
Dann ist dir alles möglich,
Und all deine Schwierigkeiten
Werden zu willkommenen Herausforderungen,

Die deine Seele reifen lassen
Und dir Lebenserfahrung schenken.
Dies zu wissen hilft dir, dich mit Leib
Und Seele wohl zu fühlen.

Selbstbewusstsein

Wer kein Vertrauen hat, kann sich nicht wirklich wohl fühlen. Wenn du dir nicht selbst vertraust und dich selbst belügst oder dir etwas vormachst, dann wirst du niemals deine wahre Stärke und Größe erkennen können. Vertraue darauf, dass dein Leben einen Sinn hat, der dir aber nicht immer offenbart wird. Vertraue darauf, dass du im Leben Halt, Geborgenheit und Liebe erfährst. Vertraue darauf, dass du stark genug bist, dein Leben zu meistern und das Beste aus deinen Talenten zu machen. Dann muss dir auch niemand sagen, wie du dein Leben zu leben hast. Du kannst selbst bestimmen und schöpferisch tätig sein, dir dein Leben selbst gestalten.

Mein Wohlfühltipp

Lerne »nein« zu sagen, damit du nicht ausgenützt wirst und damit du dich abgrenzen kannst von allen Dingen und Menschen, die dir nicht gut tun! Nur dann kannst du dich auch wirklich wohl fühlen.